BEI GRIN MACHT SICH IHR WISSEN BEZAHLT

AF137129

- Wir veröffentlichen Ihre Hausarbeit,
  Bachelor- und Masterarbeit

- Ihr eigenes eBook und Buch -
  weltweit in allen wichtigen Shops

- Verdienen Sie an jedem Verkauf

Jetzt bei www.GRIN.com hochladen
und kostenlos publizieren

Der Einfluss externer Akteure auf die Sezession Osttimors

Bibliografische Information der Deutschen Nationalbibliothek:

Die Deutsche Nationalbibliothek verzeichnet diese Publikation in der
Deutschen Nationalbibliografie; detaillierte bibliografische Daten sind
im Internet über http://dnb.d-nb.de abrufbar.

ISBN: 9783668210684
Dieses Buch ist auch als E-Book erhältlich.

Druck und Bindung: Books on Demand GmbH, Norderstedt Germany
Gedruckt auf säurefreiem Papier aus verantwortungsvollen Quellen

Das vorliegende Werk wurde sorgfältig erarbeitet. Dennoch
übernehmen Autoren und Verlag für die Richtigkeit von Angaben,
Hinweisen, Links und Ratschlägen sowie eventuelle Druckfehler keine
Haftung.

Das Buch bei GRIN: https://www.grin.com/document/321713

Ernst-Moritz-Arndt-Universität Greifswald

Institut für Politikwissenschaft

Der Einfluss externer Akteure auf die Sezession Osttimors

Hausarbeit

Für das Seminar

Einführung in die Friedens- und Konfliktforschung

WS 2011/12

.

Studiengang: BA, Politikwissenschaft/Geschichte

7. Fachsemester

Anzahl der Wörter: 5420

Inhaltsverzeichnis

Kartenverzeichnis

Karte I

Quelle: http://www.weltkarte.com/asien/indonesien/karte-indonesien.htm

Karte II

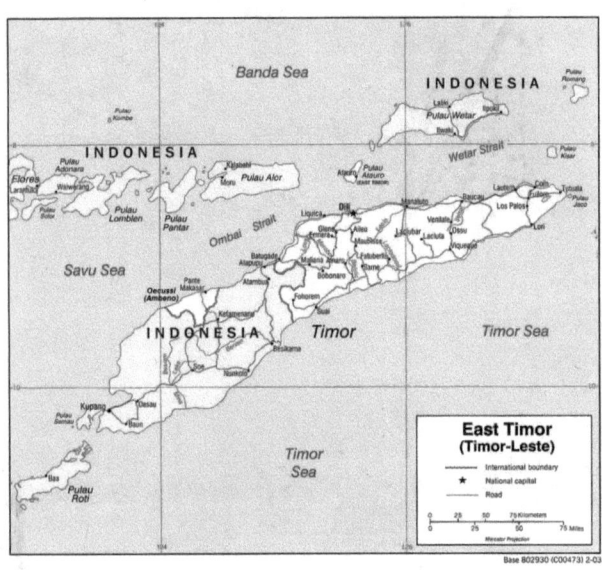

Quelle: http://www.weltkarte.com/asien/karten-osttimor/politische-karte-osttimor.htm

1. Einleitung

Diese Arbeit beschäftigt sich mit dem Konfliktgegenstand Osttimor. Dieser Staat, der am 20. Mai 2002 die Unabhängigkeit von Indonesien erlangte, war damit auch der erste Staat welcher im 21. Jahrhundert in die Liste der souveränen Staaten der UN aufgenommen wurde. Der Weg in die staatliche Selbstbestimmung war für Osttimor ein sehr langwieriger und wechselvoller Prozess. Nach einer fünf Jahrhunderte andauernden portugiesischen Kolonialherrschaft, folgte 1975 nach einer kurzen Unabhängigkeit die indonesische Invasion und die Eingliederung Osttimors in den Vielvölkerstaat Indonesien. Damit schien den Unabhängigkeitsbestrebungen Osttimors ein Ende gesetzt, doch es sollte sich zeigen, dass dieser Inselstaat nicht das selbe Schicksal wie zum Beispiel die Demokratische Arabische Republik Sahara (Westsahara) teilen sollte, welche de facto nur auf dem Papier existiert.

Doch warum kam es zu Separationsbestrebungen in Osttimor? Welche Rolle spielten hierbei externe Akteure in der Sezession von Osttimor und wie halfen sie bei der Loslösung von Indonesien? Mit der Beantwortung dieser Fragen beschäftigt sich diese Arbeit und ein eingehender Blick auf die Ereignisse in Osttimor wird Auskunft darüber geben. Dabei bleibt der Fokus auf Australien gerichtet und andere Akteure sollen nur am Rande beleuchtet werden. Denn ohne die Einmischung von australischer Seite, hätte diese Inselhälfte nicht den Weg in die Unabhängigkeit gefunden.

Die methodische Herangehensweise, um zu befriedigenden Antworten auf diese Fragen zu gelangen, leitet sich aus dem Inhaltsverzeichnis ab. Zuerst wird im Kapitel 2 der Weg Osttimors in die Unabhängigkeit skizziert und ein geschichtlicher Abriss der Entwicklungen dargestellt. Im Kapitel 3 wird dann Australiens Position im Südpazifik erläutert und auf ihre Interessen als Regionalmacht verwiesen. Im vorletzten Kapitel wird speziell die Rolle Australiens im Sezessionskonflikt aufgezeigt und gegebenenfalls werden auch die Interessen des Inselkontinents beleuchtet. Im Fazit werden schlussendlich die Resultate zusammengefasst und ein Ausblick auf mögliche Entwicklungen gegeben.

Zur Beantwortung werden Zeitschriften und Internetartikel herangezogen, aber auch eine Reihe an Sekundärliteratur. So unter anderem die Bücher von Janssen, Münch-Heubner und Meier.

2. Osttimors Weg in die Unabhängigkeit

2.1 Ende der portugiesischen Kolonialzeit

Osttimor befindet sich auf dem östlichen Teil der Insel Timor (siehe Karte II), welche sich grob zwischen den indonesischen Inseln Flores und Neuguinea befindet. Im Süden liegt Australien und nördlich, ist die ebenfalls zu Indonesien gehörende Insel Sulawesi zu verorten (siehe Karte I). Mit einer Fläche von 14.874 Quadratkilometern ist das Gebiet in etwa so groß wie das Bundesland Schleswig-Holstein. Auf dieser Fläche lebten nach letzten Schätzungen- der letzte Zensus wurde im Jahre 1950, die letzten Einwohnerzahlen stammen aus dem Jahre 1970- ca. 800.000 Menschen (Münch-Heubner 2000: 21).

Den letzten von der portugiesischen Kolonialmacht in den 1970er Jahren veröffentlichen Zahlen zufolge waren damals noch 98,4% der Einwohner „Timoresen". Seit 1976 wanderten nach Angaben Indonesiens (der neuen Besatzungsmacht) ca. 150.000 Indonesier zu. Die meisten von ihnen stammen von der Insel Java, d.h. dass der Anteil der nicht-timoresischen Bevölkerung von 1,6% (1970) auf ca. 19% (1999) angestiegen ist. Doch diese häufig angeführten Zahlen führen noch nicht zum Kern des Problems. Denn der von der Unabhängigkeitsbewegung geführte Kampf um die Erhaltung der kulturellen Identität Osttimors und die in den letzten zwei Jahrzehnten von Jakarta (Hauptstadt Indonesiens, auf Java gelegen) unternommenen Versuche, diese Kultur durch Zuwanderung zu schwächen, könnten auf den ersten Blick auf einen rein ethnischen Konflikt hindeuten. Doch es gibt keine „Indonesier" und keine „Timoresen" in dem Sinne, wie es in Europa Deutsche, Italiener oder Polen gibt. Beide werden unter dem Sammelbegriff „Austonesier" zusammengefasst, welcher unter anderem polynesische und melanesische Sprachgruppen beinhaltet und somit etwa eintausend Sprachen vereinigt (Münch-Heubner 2000: 22).

Eine andere statistische Zahl und ein Blick auf die Geschichte jedoch scheinen wesentlich mehr über das osttimoresische Identitätsbewusstsein auszusagen als die ethnischen Klassifizierungen. Die Mehrheit der Bevölkerung, also 98% der Bewohner, bekennen sich zum katholischen Glauben (Molnar 2010: 7). Auch die politische Rolle, die die Kirche seit 1976 im Widerstand gespielt hat, deutet auf die Religion als denjenigen Faktor hin, der das nationale Selbstbewusstsein geprägt hat. Somit kann die gemeinsame Religion der Osttimoresen als identitätsstiftendes Kriterium gesehen werden, zumal Indonesien mit 200 Millionen Muslimen (88% der Bevölkerung), eine ganz andere religiöse Verteilung aufweist (Münch-Heubner 2000: 22).

Die Wirtschaft ist sehr unterentwickelt und das Land ist extrem arm. Das Bruttosozialprodukt pro Kopf beträgt gerade einmal 373$. Im Human Development Index der Vereinten Nationen liegt das Land momentan auf dem 147 Rang und zählt damit zu den Ländern mit niederem Entwicklungsstand. Es gibt Öl und Gasvorkommen, die aufgrund des immer stärker ansteigenden Weltmarktpreises, eine zunehmend größere Rolle in den Einnahmen des Staates spielen. Des Weiteren wird Kaffe und Sandelholz angebaut und auch der stetig zunehmende Tourismus ist ein wichtiger ökonomischer Baustein Osttimors (Molnar 2010: 7).

Die europäische Aufmerksamkeit erlangte die Insel als im 16. Jahrhundert portugiesische Seefahrer auf der Suche nach den Gewürzinseln Timor erreichten und eine Handelstation errichteten. Bald schon wurde aber den Portugiesen der Besitz der Insel durch die niederländische ostindische Handelkompanie streitig gemacht. Im Laufe des 17. Jahrhunderts wurde der Westteil Timors durch die Niederländer eingenommen. Erst der Vertag von Lissabon (1859) konnte den Streit der beiden damaligen Seefahrernationen beilegen. In ihm wurde eine Teilung der Insel in Ost- und Westtimor festgelegt. Aber erst am 17. August 1916, einigten sich Portugal und die Niederlande auf eine endgültige Grenze. Osttimor sowie die Enklave Oecussi (siehe Karte II) fielen an Portugal, Westtimor wurde Teil von Niederländisch Ostindien (Indonesien).

Als im Dezember 1949 Indonesien die Unabhängigkeit von den Niederlanden erreichte, wurde Westtimor ein Teil dieses neuen Staates, während Osttimor zunächst eine portugiesische Kolonie blieb. Erst als sich am 25. April 1974, in der so genannten Nelkenrevolution, die Portugiesen des Diktators Marcello Caetano entledigten, veranlasste die neue demokratische Regierung umgehend die Dekolonialisierung der portugiesischen Überseeterritorien (Guinea-Bissau, Mazambique, Cap Verde und Angola), wobei der Status Osttimors aber ungelöst blieb. (Janssen 2008: 246).

Als Reaktion auf diese Entwicklung wurden in Osttimor mehrere politische Parteien gegründet, die unterschiedliche Visionen für die postkoloniale Zukunft des Landes hegten. Während die *Uniao Democratica Timorense* (UDT) Unabhängigkeit in Föderation mit Portugal anstrebte, forderte die *Associacao Popular Democratica de Timorense* (Apodeti) den Beitritt zu Indonesien. Nur die *Frente Revolucionaria do Timor-Leste Independente* (Fretilin) wollte einen eigenständigen und unabhängigen Staat Osttimor. Diese Forderung machte sie sodann auch schnell zur populärsten Partei im Land (Janssen 2008: 247).

UDT und Apodeti verbündeten sich gegen die *Fretilin* und versuchten, durch einen Putsch an die Macht zu kommen. Die Anhänger der *Fretilin* flohen in das schwer zugängliche, gebirgige Hinterland und bekämpften von dort aus die Putschisten. Nach dem Ausbruch dieser militärischen Auseinandersetzung mit den beiden Parteien, setzte die *Fretilin* im September 1975 zu einer Offensive an und eroberte fast den gesamten Teil des Staates. Die Führer der UDT und mit ihnen viele Priester, flohen daraufhin in den Westteil der Insel (Münch-Heubner 2000: 28).

2.2 Beginn des Sezessionskonfliktes mit Indonesien

In Jakarta wurden diese Ereignisse mit großer Besorgnis betrachtet. Die indonesische Regierung befürchtete, dass die *Fretilin* sich den kommunistischen Staaten zuwenden könnte. Erst ein Jahrzehnt zuvor hatte der indonesische Regierungschef Suharto (von 1967 bis 1998) die kommunistische Partei Indonesiens zerschlagen und viele Anhänger verfolgen bzw. töten lassen. Nun hätten diejenigen Kommunisten, denen es gelungen war unterzutauchen, Osttimor als Basis für die Wiederaufnahme des Kampfes gegen das Suhartoregime nutzen können. Auch in Washington und von Seiten der Regionalmacht Australien hegte man ähnliche Befürchtungen, waren doch bereits Laos, Kambodscha und Vietnam an die Kommunisten gefallen. Im Dezember 1975 besuchten der damalige amerikanische Präsident Gerald Ford und sein Außenminister Henry Kissinger Jakarta und gaben der dortigen Regierung grünes Licht für den Einmarsch indonesischer Truppen in Osttimor. Auch Australien signalisierte, dass sie einer Invasion nicht im Wege stehen würden (Janssen 2008: 247).

Als am 07.12.1975 die Streitkräfte Indonesiens auf die osttimoresische Hauptstadt Dili (siehe Karte II) vorrückten, so taten sie dies nach eigenen Verlautbarungen auf Wunsch der Osttimoresen selbst (Lawless 1976: 951). Denn ebenso wie die UDT und die proindonesische Partei Apodeti, welche zusammen nun das *Movimento Anti Cummunista* (MAC) bildeten, sprachen sich auch die Repräsentanten der katholischen Kirche für ein militärisches Eingreifen des nördlichen Nachbarn aus (Münch-Heubner 2000: 29).

Als Reaktion auf die Invasion formte die Führung der *Fretilin* einen bewaffneten Arm der Partei- die *Falintil*. Nahezu ohne Widerstand stieß die indonesische Armee vor und nahm die größeren Ortschaften ein, woraufhin sich die *Falintil*-Kämpfer in den Urwald zurückzogen und von dort aus einen Guerilakrieg gegen die indonesischen Streitkräfte starteten. Am 17. Juli 1976 wurde im Grenzort Balibo ein Dokument unterzeichnet, dass offiziell den Beitritt Osttimors zu Indonesien bestätigte. Die Vereinten Nationen verurteilten den Einmarsch Indonesiens in Osttimor, sahen sich aber in einer zwiespältigen Position. Da Osttimor noch nicht die formelle Unabhängigkeit von Portugal erlangt hatte, handelte es sich streng genommen weiterhin um ein kolonial verwaltetes Territorium und nicht um einen souveränen Staat. Dieser uneindeutige Status ließ sich als ein Vorwand für den Verzicht einzugreifen gebrauchen. Die UN blieb auch aus Rücksicht auf die weltpolitische Lage und unter erheblichen Druck der westlichen Mächte bis zum Jahr 1999 untätig (Janssen 2008: 248). Doch schon bald nach der Invasion fühlte sich die UDT von Jakarta betrogen, denn die von ihr angestrebte Eingliederung Osttimors in die Nachbarrepublik als autonome Region fand nicht statt. Es verlor stattdessen als Provinz ohne eigene Hoheitsrechte jegliche Selbstbestimmung. Die indonesische Volksversammlung erklärte die vormalige Kolonie Lissabons zu einem vollständigen Bestandteil der Republik Indonesien und die Funktionäre der UDT mussten nun in indonesischen Gefängnissen ihr Vertrauen in Präsident Suharto bereuen (Münch-Heubner 2000: 31).

Es folgten Jahre der Unterdrückung, denn entgegen den Erwartungen, die das Regime Suharto gehegt hatte, wurde der Widerstand gegen die indonesische Okkupationspolitik in Osttimor nicht geringer. Jakarta begegnete der anhaltenden Gewalt mit einer zweigleisigen Politik. Einerseits erhielt Osttimor im Zuge des Programms des nationalen Aufbaus mehr Ressourcen als andere Landesteile. Andererseits wurde das Militär dazu ermächtigt, mit extremer Härte jeden Widerstand zu brechen (Meier 2005: 10).

Das indonesische Militär bediente sich des Terrors, um die Bevölkerung einzuschüchtern. Menschen, denen Kontakte zur *Falintil* unterstellt wurden, wurden entführt, gefoltert und ermordet. Ganze Dorfgemeinschaften wurden in Wehrdörfer umgesiedelt, wo sie unter ständiger Kontrolle des Militärs standen. In umkämpften Regionen kam es zu Massakern an der Zivilbevölkerung und viele Menschen gelten bis heute als vermisst (Janssen 2008: 248). Seit der indonesischen Invasion fiel die Einwohnerzahl des Gebietes von 653.000 (1974) auf 522.000 (Oktober 1979). Also in dieser fünfjährigen Periode ließen allein 130.000 Osttimoresen ihr Leben oder verschwanden (Kingsbury 2009: 55).

Doch trotz dieser Greueltaten erregte der Konflikt in den siebziger und achtziger Jahren kaum das Interesse der Weltöffentlichkeit. Ein Grund hierfür lag in der konsequent betriebenen Medienpolitik der indonesischen Regierung, die den Konflikt herunterspielten und Osttimor als Inselparadies voller glücklicher Menschen darstellten. Diese Sichtweise wurde nur zu bereitwillig von westlichen Diplomaten und Politikern aufgegriffen, da sie im Zuge des Kalten Krieges bereit waren, die indonesische Aggression zu tolerieren (Janssen 2008: 249).

Sie wurden erst durch das Santa-Cruz-Massaker im November 1991 wachgerüttelt. Auf einer friedlichen Prozession durch Dili wurden 180 Menschen durch indonesische Spezialeinheiten

8

getötet und viele verwundet. Etwa 300 Osttimoresen wurden inhaftiert und nachweislich der Folter unterzogen. Kein verantwortlicher Soldat oder Offizier wurde zur Rechenschaft gezogen. In Jakarta wurde die Sache heruntergespielt und als Verteidigungsmaßnahme dargestellt. Die eigentlichen Verantwortlichen blieben in ihren Positionen (Ishizuka 2010: 23).

Der Vorfall stürzte Jakarta jedoch in eine schwere außenpolitische Krise und die öffentliche Meinung in der westlichen Welt, bezüglich der indonesischen Besetzung Osttimors, begann sich zu wandeln. Es stellte sich die Frage, warum nach Ende des Kalten Krieges, das ja auch das Ende der kommunistischen Bedrohung bedeutete, Indonesien seine Truppen nicht wieder aus Osttimor abzog. Doch Suharto hatte gewichtige Gründe, auf einen Verbleib Osttimors im indonesischen Staatenbund zu bestehen. Er fürchtete, dass die Ablösung eines Landesteils die sezessionistischen Bewegungen in anderen Provinzen (Aceh auf Sumatra und Irian Jaya auf Neuguinea) anheizen würde und er und seine Günstlinge hatten handfeste wirtschaftliche Interessen in Osttimor (Janssen 2008: 251).

Stattdessen bestärkte das Santa-Cruz-Massaker die indonesische Regierung noch in der Ansicht, dass durch rücksichtsloses Handeln der Widerstand der *Falintil* gebrochen werden müsse. Die Kampagnen gegen die Sezessionsbestrebungen der Osttimoresen wurden verstärkt und massive Umsiedlungsprogramme durch Jakarta gestartet. Zu Beginn der neunziger Jahre wurden Bauern und Handwerker, aus anderen Teilen Indonesiens, mit der Aussicht auf bessere Lebensbedingungen auf die Insel gelockt. Ungefähr 150.000 Neusiedler kamen so nach Osttimor. Die meisten von ihnen waren Muslime und gehörten fremden Kulturen wie ethnischen Gruppen an. Im Zuge dieser Transmigration betonten viele Osttimoresen nun stärker als zuvor ihren katholischen Glauben und banden sich enger an die römische Kirche, welche noch zu Zeiten der portugiesischen Kolonialzeit eine der tragenden Säulen der Diktatur war. Sie wurde auf diese Weise zu einem zentralen Faktor im Ringen um die Unabhängigkeit von Indonesien (Janssen 2008: 250). So versammelten und protestierten Mitte 1995 in Dili hunderte osttimoresische Studenten gegen die von ihnen wahrgenommene gewaltsame „Islamisierung" ihrer Heimat (Münch-Heubner 2000: 32).

Der Zeitpunkt der Wende kam, als die Erschütterungen der Asienkrise das Trugbild wirtschaftlichen Wachstums und politischer Stabilität Indonesiens wie ein Kartenhaus zusammenfallen ließen. Der erzwungene Rücktritt von Präsident Suharto machte 1998 den Weg frei für eine Politische Lösung des Konfliktes um die Inselhälfte. Suhartos Nachfolger Jussuf Habibie, der nicht aus Miltärkreisen kam, sah sich veranlasst politisches Wohlwollen zu demonstrieren und vom kompromisslosen Anspruch seines Landes auf Osttimor abzurücken. Im Januar 1999 überraschte er mit dem Angebot einer Abstimmung über weitreichende Autonomie bzw. Herauslösung Osttimors aus der Republik, also die Unabhängigkeit. Seiner Meinung nach belastete der Konflikt die außenpolitischen Beziehungen und kostete den Staat, in Zeiten der Asienkrise, enorme Summen an Geld. Für ihn war Osttimor lediglich ein finanzielles Zuschussgeschäft. Doch Habibie schien wenig vertraut mit den Gegebenheiten in Osttimor. Den verschiedenen Akteuren und der Rolle des Militärs im Konflikt (Schlicher/Flor 2003: 259).

Die Militärs waren maßgeblich an den Gewinnen aus der Ausbeutung der Ressourcen beteiligt und profitieren somit erheblich von dem Konflikt. So standen die Osttimoresen Habibies Angebot eher skeptisch gegenüber und diese Skepsis wurde noch verstärkt, als ein von ihm angekündigter Truppenabzug nicht durchgeführt wurde. Die Forderung der meisten Osttimoresen blieb die völlige Unabhängigkeit. So gaben die osttimoresischen Widerstandsorganisationen folgende Losung aus: „Autonomie nein, Volksabstimmung ja" (Janssen 2008: 252).

Zu Beginn des Jahres 1999 lenkte Präsident Habibie ein und erklärte, dass er eine Volksabstimmung zulassen würde. Zwei Faktoren schienen ihn bei dieser Entscheidung beeinflusst zu haben. Zum einen übte die australische Regierung Druck auf Jakarta aus, dieses Problem endgültig zu lösen und auf der anderen Seite hoffte er natürlich, dass die Volksabstimmung zu Gunsten eines Verbleibs Osttimors im Staat Indonesien ausfallen würde. Er hoffte, dass sich die Bevölkerung in dem Referendum für eine Autonomie aussprechen würde, da es in Osttimor eine pro-indonesische Fraktion gab und die Stimmen der indonesischen Siedler auch einen Ausschlag in die gewünschte Richtung geben konnten (Meier 2005: 42).

2.3 Externe Akteure und die Unabhängigkeit

Für die UN und Portugal stellte Habibies Angebot eine einmalige Gelegenheit dar, denn Krisenherd Osttimor dauerhaft zu befrieden. Diese Akteure machten Indonesien Zugeständnisse. So sah ein umstrittener Passus vor, dass das indonesische Militär für Sicherheit und Ruhe während des Referendums sorgen sollte. Das Militär mit dieser Aufgabe zu betrauen, war jedoch höchst problematisch. Viele hochrangige Militärs hatten aus ökonomischen Eigeninteresse nichts davon Osttimor in die Unabhängigkeit zu entlassen (Janssen 2008: 252).

Im Juni 1999 beschloss daraufhin der UN- Sicherheitsrat die Gründung einer *UN Assistance Mission for East Timor* (UNAMET). Sie sollte den reibungslosen Ablauf, des für August 1999 geplanten Referendums sicherstellen. Es war aber keine robuste Mission vorgesehen, obwohl Spannungen vorhersehbar waren. Im Fall eines Konfliktes konnte einzig das indonesische Militär für Sicherheit sorgen. Da aber das Geschehen unter der besonderen Beobachtung der internationalen Medien stand, konnten die Soldaten nicht direkt Druck auf die Zivilbevölkerung ausüben, sondern mussten sich anderweitig behelfen. Die Taktik war durch die Militärstäbe von langer Hand geplant, denn schon Ende 1998 wurden lokale und loyale Milizen gegründet, welche begannen Befürworter der Unabhängigkeit zu terrorisieren. Der osttimoresische Widerstand vermied allerdings eine Eskalation, wollte man Jakarta nicht die Gelegenheit bieten die Volksbefragung wegen der schlechten Sicherheitslage abzusagen. Im April 1999 reagierte Australien und drängte Habibie, eine UN-Friedenssicherungsmission zuzusagen. Doch er verweigerte dies, mit der Begründung, dass das indonesische Militär einen reibungslosen Ablauf der Befragung garantiere (Janssen 2008: 253).

Als am 30.08.1999 die Volksbefragung stattfand (98% Wahlbeteiligung) erhöhten die Milizen ihren Druck und es kam zu massiven Ausschreitungen gegen die Zivilbevölkerung und gegen die UNAMET-Mitarbeiter, die beschuldigt wurden parteiisch zu sein. Als im September 1999 das Ergebnis der Volksbefragung (78,5% für die Unabhängigkeit, 21,5% für Autonomie) veröffentlicht wurde, wurden die Zustände immer chaotischer. Die australische Luftwaffe evakuierte das UN-Personal und alle Ausländer. Vor dem australischen Konsulat kam es zu Ausschreitungen und die Milizen, welche nun vollkommen freie Hand hatten, schickten sich an Osttimor vollkommen zu zerstören. In Osttimor sollte ein Exempel statuiert werden, um welchen Preis die Unabhängigkeit von Indonesien zu haben sei (Janssen 2008: 254).

Tausende indonesische Siedler flohen nach Westtimor und zur gleichen Zeit setzten die Milizen ihre Kampagne der verbrannten Erde fort und das Militär begann damit osttimoresische Familien zwangsumzusiedeln und in Flüchtlingslager nach Westtimor zu verfrachten. Damit nahm der außenpolitische Druck auf Jakarta erheblich zu. Am 12.09.1999 wurde er Druck schließlich so groß, dass Habibie einer internationalen Friedenssicherungsgruppe für Osttimor zustimmen musste (Janssen 2008: 255).

Die durch Australien geleitete *International Force for East Timor* (INTERFET) landete am 19. September 1999, mit einem robusten Mandat, in Osttimor und übernahm in den folgenden Tagen die Kontrolle über das Gebiet und löste die Milizen auf. Die Situation erforderte schnelles Handeln, denn das Land war nahezu vollständig zerstört, die Verwaltung zusammengebrochen und die Bevölkerung vertrieben. Die multinationale Streitmacht erreichte bald schon ihre geplante Stärke von 8.950 Soldaten (davon 5.500 Australier), ca. 200 UN-Militärbeobachtern und 1.600 Polizisten. Da die Zerstörung und die Vertreibung der Bevölkerung so gründlich durch die Milizen und das Militär erfolgt waren, beschloss die UN am

25.10.1999 in einer Resolution, eine UN-geleitete Übergangsregierung für Osttimor einzuset-zen, denn die Wiederherstellung der öffentlichen Ordnung konnte dem Land nicht selbst über-lassen werden. Diese *UN Transitional Authority for East Timor* (UNTAET) war der erste Fall, in dem die UN die Verwaltung und Regierung eines Landes weitgehend selbst über-nahm. Das Mandat der UNTAET war, den entsprechenden Verhältnissen vor Ort, weit ge-fasst. Die Aufgabenfelder erstreckten sich von der Wiederherstellung der öffentlichen Sicher-heit, den Aufbau einer funktionierenden Verwaltung, die Koordination der humanitären Hilfe bis hin zum Aufbau einer nachhaltigen Entwicklungsstruktur. (Janssen 2008: 256).

Zur Teilhabe der politischen Vertreter Osttimors an der Planung und am Aufbau des Landes wurde ein *East Timor Transitional Goverment* (ETTA) eingerichtet, wobei aber die legislative und exekutive Verfügungsgewalt beim brasilianischen Leiter (Sergio de Mello) der UNTAET Mission lag. Zwei Jahre nach dem Referendum wurden Wahlen zur verfassungsgebenden Versammlung durchgeführt und auf Grundlage des Wahlergebnisses eine Regierung einge-setzt, welche ausschließlich aus Osttimoresen bestand. Am 14. April 2002 wählte Osttimor den Widerstandsführer Xanana Gusmão zum Präsidenten und am 20. Mai 2002 wurde das Land in die Unabhängigkeit entlassen und das Mandat der UN beendet. Mit dem Namen Timor Leste wurde der Staat als 191. Mitglied von der UN-Vollversammlung in die Vereinten Nationen aufgenommen (Schlicher/Flor 2003: 267).

3. Australien als neue Regionalmacht

„Add odd man in" –der seltsame Kerl ist dabei. Mit den Worten hat der ehemalige australi-sche Außenminister Gareth Evans Ende der achtziger Jahre den Anspruch formuliert Austra-lien fest in die asiatischen Prozesse und Strukturen zu integrieren. Seither gibt es kaum eine Initiative in Asien, an der Australien nicht beteiligt ist. Das Land ist assoziiertes Mitglied der ASEAN- Gemeinschaft, Mitglied des *Asia Regional Forums*, des *East Asia Economic Forum* und zudem Initiator des *Asia Pacific Economic Cooperation Forum* (APEC) (Hofmeister 2011: 73).

Nach dem Zweiten Weltkrieg reifte im Commonwealth-Mitglied Australien immer mehr die Erkenntnis, dass man sich nicht mehr nur auf die Hilfe des Mutterlandes Großbritannien ver-lassen konnte. Man löste sich zunehmend von dem zentral koordinierten System der Com-monwealh-Verteidigung und begann seine Fühler nach neuen Verbündeten auszustrecken. In

Canberra wurde ein regionales System der kollektiven Sicherheit unter Einbindung der USA anvisiert (Münch-Heubner 2000: 44).

Als Mitglied des Commonwealth sind seine Beziehungen zu Großbritannien jedoch besonders eng geblieben. Australien hat wiederholt an militärischen Aktionen seiner Alliierten teilgenommen, vom Burenkrieg in Südafrika (1809-1902) bis zum Irak-Krieg. Im kollektiven australischen Bewusstsein spielen diese verschiedenen militärischen Einsätze eine große Rolle, weil darin nicht zuletzt die Verbundenheit mit dem Westen zum Ausdruck kommt, dem sich Australien zugehörig fühlt (Hofmeister 2011: 76).

So zeichneten sich die Australier noch bis in die sechziger Jahre durch ihre postkolonialen Attitüden gegenüber den Asiaten aus. In der von ihnen entwickelten Containment-Politik ging es nicht um die Verteidigung einer westlichen, sondern einer weißen Einflusssphäre im Südwestpazifik. Das hier angestrebte westliche Bündnis sollte eines der vor Ort präsenten Kolonialmächte und keines mit den jungen Nationalbewegungen Asiens sein. So forderten sowohl australische Labour- wie auch Tory-Premiers nach 1945 eine Restauration der kolonialen Autorität, von Briten, Franzosen, Niederländern und Portugiesen in ganz Südostasien. Die jungen Staaten dort wurden als neuer Unsicherheits- bzw. Instabilitätsfaktor gesehen (Münch-Heubner 2000: 45).

Gebot der Ost-West- Konflikt noch Zurückhaltung, so machte sich Canberra seitdem daran, sein regionales Gewicht auf den Umbau der regionalen Wirtschafts- und Sicherheitsarchitektur zu legen. 1992 verabschiedete das *Pacific Island Forum* (PIF) als die bestimmende regionale Institution die Honiara-Erklärung, womit erstmalig die Möglichkeit bestand, sicherheitspolitisch in die inneren Angelegenheiten der jeweiligen Mitgliedsstaaten einzugreifen. Bis dahin wurden Sicherheitsfragen kategorisch ausgeschlossen. Mit der darauf folgenden Aitutaki-Erklärung 1997 wurden Interventionsmechanismen im Rahmen einer präventiven Diplomatie thematisiert und 2000 wurde schließlich die Biketawa-Erklärung formuliert, mit der das PIF zu einer schlagkräftigen Regionalorganisation werden sollte. Es darf jedoch nicht übersehen werden, dass die Finanzierung des PIF zu je 37,16% von den beiden größten Mitgliedern Neuseeland und Australien abhängt, die so gewünschte Mehrheiten relativ einfach erzeugen können. Des Weiteren wurden Krisenreaktionsmechanismen eingeführt, deren Radius sich von Wirtschaftssanktionen bis hin zu Intervention erstreckt (Holtz 2011: 164).

Maßgeblich vorangetrieben wurde Australiens Rolle als regionaler „overlord" durch den Konservativen Premier John Howard (1996-2007). Unter ihm wurde eine massive Parteinahme für die Sezzesion Osttimors von Indonesien forciert und schließlich ein Wendepunkt in der australischen Regionalpolitik eingeleitet. Die Strategie wechselte vom „hands off approach" zugunsten eines „hands on approach" (Holtz 2011: 163).

In Zeiten komplizierter Transport- und Kommunikationsmöglichkeiten war Australien von den Zentren der internationalen Politik und des Handelns isoliert. Doch Isolationismus war nie eine Option bzw. Teil australischer Politik. Zum Schutz des großen, aber dünn besiedelten Landes und für seine Teilhabe am Weltmarkt (zwei Leitlinien seiner Außenpolitik) hat der fünfte Kontinent von jeher die Allianz mit Partnern gesucht und außenpolitische Initiativen in diese Richtung demonstriert. Eine Einbindung in alliierte Strukturen zur Verfolgung seiner außenpolitischen Ziele steht, trotz des großen Wirtschaftswachstums der letzten Jahre, nicht zur Diskussion (Hofmeister 2011: 76).

Drei zentrale Felder bestimmen seit vielen Jahren die Außenpolitik Australiens: die enge Allianz mit den Vereinigten Staaten, das starke Engagement gegenüber Asien und das Eintreten für ein funktionierendes System von global governance, bei dem die Vereinten Nationen und besonders ein nach klaren Regeln geordnetes internationales Handelssystem eine große Bedeutung besitzen. Die Geographie, die Bevölkerung, die Machtverteilung im internationalen System und die Zukunft des Multilateralismus sind dabei von besonderer Signifikanz. Aus der geographischen Lage ergibt sich die Nähe zu Asien und die Intensivierung des Handels mit seinen direkten Nachbarn. Es ist daher für Australien äußerst wichtig, sich in die Prozesse seiner asiatischen Anrainerstaaten zu integrieren, was auch durch die eigene Bevölkerungsentwicklung bestärkt wird. Die Zahl der Immigranten aus Asien nimmt mehr und mehr zu und somit auch die Präsenz der asiatischen Sprachen. Doch wegen seiner weiterhin engen Bindung an die USA bleibt auch die Machtverteilung innerhalb des internationalen Systems von großer Bedeutung. Sollte sich die Rolle der USA verändern, müsste auch Australien über eine Neuausrichtung seiner Allianzpolitik nachdenken. Die Stärkung multilateraler Institutionen besitzt dabei eine herausragende Relevanz (Hofmeister 2011: 77).

Parallel zum politischen Umbau der Region unterstützt Australien auch eine ökonomische Neuausrichtung im Pazifik. Mit Beginn der 1990er Jahre trat Australien nicht mehr altruistisch auf, sondern agierte ökonomisch aktiv, indem es die herrschende neoliberale Wirtschaftsauffassung auf den gesamten pazifischen Raum auszudehnen versuchte. Damit handelt Down Under aber in einem globalen Kontext (Holtz 2011: 163).

Australiens Optionen sind durch die engen Bindungen zu Asien und insbesondere an China deutlich größer geworden doch generell trifft die Feststellung zu, dass es groß genug ist um international Einfluss zu haben, aber noch nicht groß genug, um selbst Ergebnisse zu schaffen. Was bedeutet, dass es mit anderen Zusammenarbeiten muss, um seine Ziele zu erreichen (Gyngell 2008: 4).

4. Die Rolle Australiens im Unabhängigkeitsbestreben Osttimors

Einundzwanzig Jahre, nachdem die australische Außenpolitik Osttimor als einen Teil Indonesiens anerkannte, hat sie sich 1999 zum Garanten für dessen Unabhängigkeit gewandelt. Die Weltöffentlichkeit registrierte die Tatsache, dass von den 8.950 INTERFET-Soldaten, 5500 aus Australien kamen und der Kontinent damit eine führende Rolle in der Beendigung des Osttimorkonfliktes übernahm. Dieser Wandel in der australischen Politik gegenüber Osttimor beendete den unrühmlichen Standpunkt welchen Australien bei der Annexion der früheren portugiesischen Kolonie durch Indonesien gespielt hat (Münch-Heubner 2000: 41).

Mit Entsetzen hatte man in Canberra beobachtet, wie sich in der ersten Jahreshälfte 1975 auf der benachbarten Insel die Truppenstärke der portugiesischen Streitkräfte um 80% verringerte. Die politischen Veränderungen in Portugal und die damit verbundenen Rückwirkungen trafen die australische Außenpolitik relativ unvorbereitet (Münch-Heubner 2000: 52). Australien erkannte 1978 Osttimor als einen Teil von Indonesien an. Der Grund für diesen international umstrittenen Schritt war nicht sicherheits- oder außenpolitischer Natur, sondern erfolgte aus rein wirtschaftspolitischem Interesse. Denn der Streit um die Ausbeutung der Rohstoffe auf dem Grund der Timorsee (siehe Karte II) hatte die Sicherheitspartner Australien und Portugal 1974 entzweit. Die weitere Präsenz Portugals in Osttimor war damit für Australien schon vor 1975 verzichtbar geworden, denn mit Indonesien hatte man sich bereits in den Jahren 1971 und 1972 auf Meeresbodengrenzen geeinigt, welche vor allem in Hinblick auf die Erforschung des Meeresgrundes und seiner natürlichen Ressourcen festgelegt wurden. Osttimor wurde zu diesem Zeitpunkt jedoch noch ausgeklammert (Timor-Lücke). 1979 begannen hierzu aber Verhandlungen über noch offene Fragen, bei denen der australische Außenminister noch einmal bekräftigte, dass sein Land mit der Annexion Osttimors einverstanden sei (Münch-Heubner 2000: 54).

Hinzu kam, dass man in den siebziger und achtziger Jahren der sowjetischen Bedrohung zuerst im Pazifik begegnen wollte und nach Norden wurde lediglich auf ein Konzept der direkten Verteidigung von Australien selbst gesetzt. Indonesien wurde nicht als Bedrohung gesehen, sondern als Partner im Kampf gegen den sich in Südostasien immer mehr ausbreitenden Kommunismus. Indonesien wurde damals als die einzige Macht angesehen, die die *Fretilin*

Offensive zum Stillstand bringen konnte, zumal die erst wenige Jahre zurückliegende Niederlage der USA in Vietnam als warnendes Menetekel über einem weiteren Territorialkrieg eines westlichen Staates auf asiatischem Boden stand (Münch-Heubner 2000: 53).

Eine Veränderung in den Sicherheitskonzeptionen Australiens gegenüber Indonesien erfolgte erstmals 1986 als der damalige australische Verteidigungsminister dem Parlament in Canberra den „Dipp Report" vorlegte. Dieser hatte in erster Linie die indonesische Bedrohung für die Sicherheit Australiens zum Gegenstand. Die Beziehungen zu Jakarta verschlechterten sich daraufhin dramatisch (Münch-Heubner 2000: 46).

Die Wende in der australischen Osttimor-Politik ist jedoch erst im Jahr 1998 zu verorten, als der damalige Premier John Howard sich an den nun amtierenden indonesischen Staatspräsidenten Habibie wandte und ihm ein anderes Herangehen an Osttimor nahe legte, als dies sein Vorgänger Suharto getan hatte. Er brachte die Option einer Autonomie für Osttimor als einen Akt der Selbstbestimmung zur Sprache (Münch-Heubner 2000: 58). Im Schatten der immer eklatanter werdenden Verstöße gegen die Menschenrechte und der Greueltaten, welche die Milizen und indonesischen Soldaten auf Osttimor verübten, begann sich das Bild gegenüber Indonesien zu wandeln. Man konnte und wollte in Canberra nicht weiter nur zuschauen, zumal sich auch die Proteste seitens der Bevölkerung und Menschenrechtsgruppen im Land häuften.

Australien entschied sich für ein aktives Vorgehen und so hielt der Premierminister Howard am 21. September 1999 (zwei Tage nach der australisch geführten INTERFET Landung auf Osttimor) seine Rede vor dem Repräsentantenhaus, in der er sich für eine Unabhängigkeit Osttimors aussprach (Münch-Heubner 2000: 54). Howard war nicht mehr dazu bereit, die guten Beziehungen zu Indonesien um jeden Preis zu unterhalten, sondern wollte Selbstbestimmung für Osttimor, die ja auch den eigenen demokratischen Werten entsprach (Münch-Heubner 2000: 58).

Zeitzeugen und Wissenschaftler sehen in diesem australischen Umschwenken auch einen Akt der Wiedergutmachung an den 200.000 bis 250.000 Opfern des Konflikts und der jahrzehntelangen Politik des Zuschauens Canberras. (Münch-Heubner 2000: 41).

Die prekäre sicherheitspolitische Dimension der Annäherung an Asien hat nicht zuletzt das australische Engagement in Osttimor verdeutlicht. Australiens Beziehungen zu Indonesien wurden einer großen Belastungsprobe unterzogen und leiteten eine Phase der sicherheitspolitischen Neuorientierung ein (Benner/Hagedorn/Krell 2001: 1053). Die geopolitischen Gegebenheiten und nicht zuletzt auch handfeste wirtschaftliche Interessen (Erdöl und Erdgas Lagerstätten in der Timor-Lücke) trugen mit dazu bei, dass sich Australien als treibende Kraft hinter eine Sezession Osttimors von Indonesien stellte (Münch-Heubner 2000: 57). Australien zeigte sich bereit, die Rolle einer treibenden Mittelmacht bei Konflikten in der Region zu übernehmen und wurde so zu einem Bürgen für die Unabhängigkeit Osttimors.

5. Fazit und Ausblick

Nach einer fast 25 jährigen Zeit der militärischen und völkerrechtswidrigen Besetzung Osttimors durch indonesische Truppen, ist es dem Staat gelungen seine Unabhängigkeit zu erlangen. Dabei hat Australien eine führende Position eingenommen, denn erst durch seinen außenpolitischen Druck, hat Jakarta schließlich eingelenkt und die südostasiatische Inselhälfte aufgegeben. Hierbei darf nicht vergessen werden, dass dieser Konflikt lange Zeit relativ unbeobachtet vonstatten ging und Australien erst eine Kehrtwende, in Bezug auf die Politik gegenüber Indonesien, einleiten musste. Lange Zeit waren für Australien sicherheitspolitische und ökonomische Interessen wichtiger, als das Schicksal der unter der der indonesischen Besatzung leidenden Osttimoresen.

Schlussendlich war eine weitere Eskalation der Lage in Osttimor aber nicht im Interesse von Canberra, suchten sie doch eine Neuausrichtung ihrer Politik im Pazifik und Südostasien. Diese Räume galten als australisches Interessensgebiet, wo sie als Regionalmacht Einfluss ausüben wollen und auch dazu bereit sind aktiv ihre Werte zu vertreten. Diese realpolitische Haltung und handfeste ökonomische Interessen bewogen sie, die INTERFET-Mission in Osttimor zu einem gelungenen Abschluss zu führen. Der Wille, des Großteils der osttimoresischen Bevölkerung wurde Wirklichkeit und sie bekamen im Jahr 2002 einen eigenen Staat.

Die Ostimoresen selbst fühlten sich nie als ein Teil der indonesischen Nation. Ihr gemeinsamer christlich-katholischer Glaube und die portugiesische Kolonialvergangenheit separierten sie von Anfang an und bestärkten sie in ihren Sezessionsbestrebungen. Für diese Entwicklung mussten sie jedoch einen hohen Preis zahlen. Eine Aufarbeitung von indonesischer Seite, für begangene Kriegsverbrechen, hat so gut wie nicht stattgefunden und nur wenige Verantwortliche sind zur Rechenschaft gezogen worden.

Bleibt zu hoffen das, dass Land nach dem Rückzug der UN-Unterstützungsmission 2004 auf einem soliden Fundament steht und seinen Platz in der internationalen Staatengemeinschaft finden kann. Bis heute sind dort noch ca. 400 australische Friedensoldaten stationiert, welche die Stabilität des Friedens überwachen sollen, denn es kam in den letzten Jahren wiederholt zu ethnischen Unruhen in dem noch jungen Staat. Mit dem Attentat auf den amtierenden Staatspräsidenten José Ramos-Horta 2008, durch meuternde Soldaten, ist ein neuer Höhepunkt in den negativen Entwicklungen Osttimors erreicht worden. Zudem werden die Stimmen immer lauter, die einen Abzug der australischen Truppen fordern und dem Land endlich die Selbstbestimmung geben, welche einem souveränen Staat zukommen sollte. Die Zukunft wird zeigen, ob ein gelungenes „nation building" in Osttimor stattgefunden hat.

Literaturverzeichnis

- Benner, Thorsten/ Hagedorn, Udo/ Krell, Christian 2001: Außenpolitik Australiens, in: Benner, Thorsten/ Bellers, Jürgen/ Gerke, Ines M. (Hrsg.), Handbuch der Außenpolitik. Von Afghanistan bis Zypern, München/Wien 2001, S. 1049-1059.

- Gyngell, Allan 2008: Ambition. The emerging foreign policy of the Rudd government, Sydney.

- Hofmeister, Wilhelm 2010: "An odd man in"-Australiens Rolle in der internationalen Politik, in: KAS-Auslandsinformation (2010) 2, Berlin, S. 73-96.

- Holtz, Andreas 2011: Australiens Rolle als regionale Führungsmacht im Pazifik, in: IPG (2011) 2, Berlin, S. 162-179.

- Ishizuka, Katsumi 2010: The history of peace building in East Timor. The issues of international intervention, New Delhi.

- Janssen, Dieter 2008: Menschenrechtsschutz in Krisengebieten. Humanitäre Interventionen nach dem Ende des Kalten Krieges, Frankfurt/Main.

- Kingsbury, Damien 2009: East Timor. The price of liberty, New York.

- Lawless, Robert 1976: The Indonesian takeover of East Timor, in: Asien Survey 16, Berkeley, S. 948-964.

- Meier, Jörg 2005: Der Osttimor- Konflikt (1998-2002). Gründe und Folgen einer gescheiterten Integration, Berlin.

- Molnar, Andrea Katalin 2010: Timor Leste. Politics, History and Culture, New York.

- Münch-Heubner, Peter L. 2000: Osttimor und die Krise des indonesischen Vielvölkerstaates in der Weltpolitik, München.

- Schlicher, Monika/ Flor, Alex 2003: Historische Misziele. Osttimor-Konfliktlösung durch die Vereinten Nationen, in: Die Friedeswarte 78 (2003) 2-3, Berlin, S. 251-279.